اسکول - school   2
سفر - travel   5
آمد و رفت - transport   8
شہر - city   10
زميني منظر - landscape   14
روسٹورينٹ - restaurant   17
سپر مارکيٹ - supermarket   20
مشروب - drinks   22
خوراک - food   23
فارم - farm   27
گهر - house   31
لوونگ روم - living room   33
باورچي خانو - kitchen   35
غسل خانو - bathroom   38
پارن جو کمرو - kids room   42
لباس - clothing   44
آفس - office   49
معيشت - economy   51
پيشو - occupations   53
اوزار - tools   56
موسيقي جا اوزار - musical instruments   57
چڙيا گهر - zoo   59
راند - sports   62
سرگرميون - activities   63
خاندان - family   67
جسم - body   68
اسپتال - hospital   72
ايکسري - emergency   76
زمين - earth   77
کلاک - clock   79
هفتو - week   80
سال - year   81
شکلون - shapes   83
کلر - colors   84
مخالف - opposites   85
نمبرز - numbers   88
ٻوليون - languages   90
کير / چا / کينئ - who / what / how   91
کاٿي - where   92

Impressum
Verlag: BABADADA GmbH, Nedderfeld 112 , 22529 Hamburg
Geschäftsführer / Verlagsleitung: Harald Hof
Druck: Books on Demand GmbH, In de Tarpen 42, 22848 Norderstedt

Imprint
Publisher: BABADADA GmbH, Nedderfeld 112 , 22529 Hamburg, Germany
Managing Director / Publishing direction: Harald Hof
Print: Books on Demand GmbH, In de Tarpen 42, 22848 Norderstedt

اسڪول

school

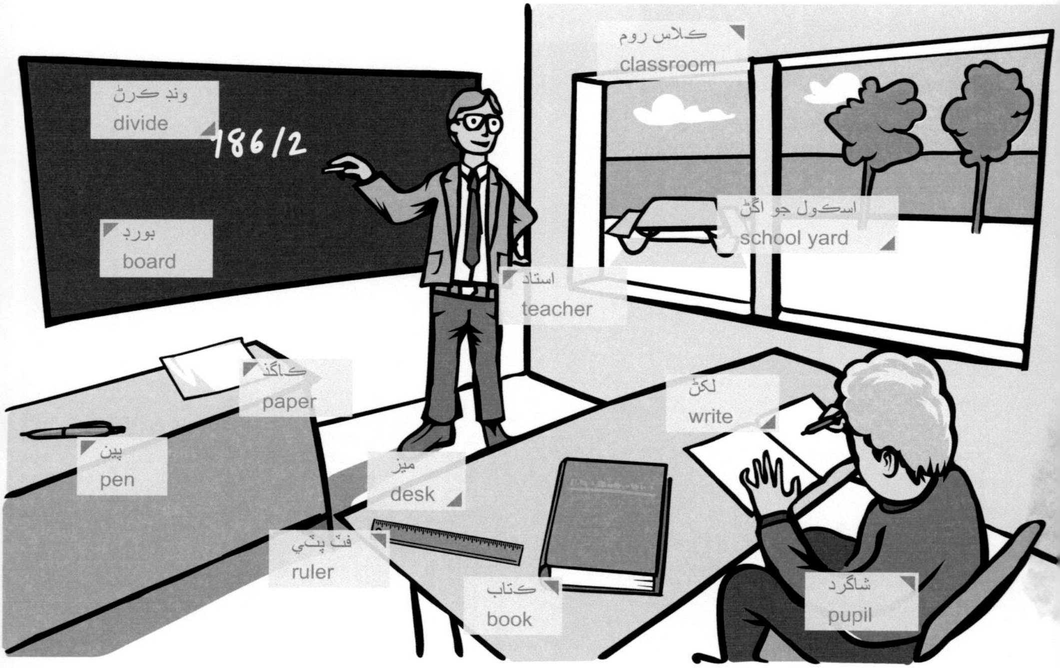

ڪلاس روم
classroom
وند ڪرڻ
divide
186/2
بورڊ
board
اسڪول جو اڳڻ
school yard
استاد
teacher
ڪاغذ
paper
لکڻ
write
پين
pen
ميز
desk
فٽ پٽي
ruler
ڪتاب
book
شاگرد
pupil

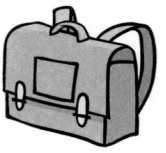

بستو

satchel

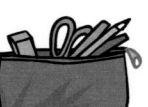

پينسل باڪس

pencil case

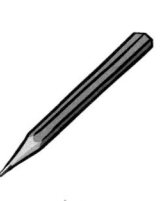

پينسل

pencil

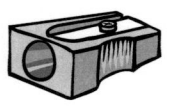

پينسل شارپنر

pencil sharpener

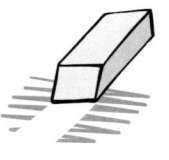

ربڙ

rubber

ڊرائنگ پيڊ

drawing pad

ڈرائنگ

drawing

پینٹ برش

paintbrush

پینٹ باکس

paint box

قینچي

scissors

گوند

glue

مشق کرڻ واري کاپي

exercise book

ھوم ورک

homework

عدد

number

جوڙ کرڻ

add

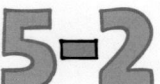

کٽ کرڻ

subtract

ضرب کرڻ

multiply

حساب کرڻ

calculate

خط

letter

الفابيٽ

alphabet

hello

لفظ

word

مضمون

text

پڑھنا

read

چاک

chalk

سبق

lesson

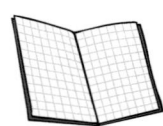

رجسٹر

register

امتحان

examination

سرٹیفیکیٹ

certificate

اسکول یونیفارم

school uniform

تعلیم

education

انسائیکلوپیڈیا

encyclopedia

یونیورسٹی

university

خوردبینی

microscope

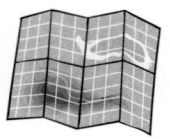

نقشو

map

ردي جي ٹوکري

waste-paper basket

هوتل
hotel

هاسٹل
hostel

رقم تبدیل کرائٹ جي آفیس
currency exchange office

سوٹ کیس
suitcase

کار
car

پولي
language

ها يا نه
yes / no

صحيح آهي
Okay

هيلو
hello

مترجم
translator

مهرباني
Thank you

هن جي قيمت گهٽي آهي.....؟

how much is…?

مون كي سمجه ۾ نٿو اچي

I don´t get it

مسئلو

problem

گڊ ايوننگ

Good evening!

صبح بخير

Good morning!

شب خير

Good night!

الوداع

goodbye

طرف

direction

سفري سامان

luggage

بيگ

bag

پويان بڌن وارو بيگ

backpack

مهمان

guest

كمرو

room

بستر وارو بيگ

sleeping bag

خيمو

tent

سياحت بابت معلومات

tourist information

سمندٜر كنارو

beach

كريڈٹ كارڈ

credit card

ناشتو

breakfast

لنچ

lunch

ڈنر

dinner

ٹِكٹ

Ticket

لِفٹ

elevator

مهٜر

stamp

سرحد

border

گاهڪ

customs

سفارتخانو

embassy

ويزا

visa

پاسپورٹ

passport

transport

هوائي جهاز
airplane

سمندري جهاز
ship

باه واسائﺊ واري گاﺋﻲ
fire truck

بس
bus

ﭨرک
truck

موﭨر بوﭦ
motorboat

سائيكل
bike

كـار
car

فيري
ferry

بيﮍي
boat

موﭨر سائيكـل
motorbike

پوليس كـار
police car

ريسنگ كـار
racing car

رينﭩل كـار
rental car

8   transport - آمد و رفت

چشنيرنگ کار

car sharing

چکٹ وارو ٹرک

tow truck

کچري واري ٹرک

garbage truck

کار

engine

فيول

fuel

پيٹرول اسٹيشن

fuel station

ٹريفک جا نشان

traffic sign

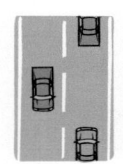

ٹريفک

traffic

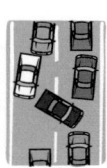

ٹريفک جام

traffic jam

کار پارک

parking lot

ٹرين اسٹيشن

train station

پٹڙيون

tracks

ٹرين

train

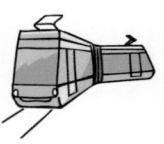

ٹرام

tram

ويگن

wagon

هيليڪاپٽر

helicopter

ايئرپورٽ

airport

ٽاور

tower

مسافر

passenger

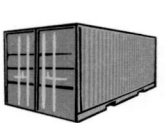

ڪنٽينر

container

ڊٻو

carton

ريڙهي

cart

ٽوڪري

basket

اڏرڻ / زمين تي لهڻ

take off / land

شهر

city

ڳوٺ

village

شهر جو مرڪز

city center

گهر

house

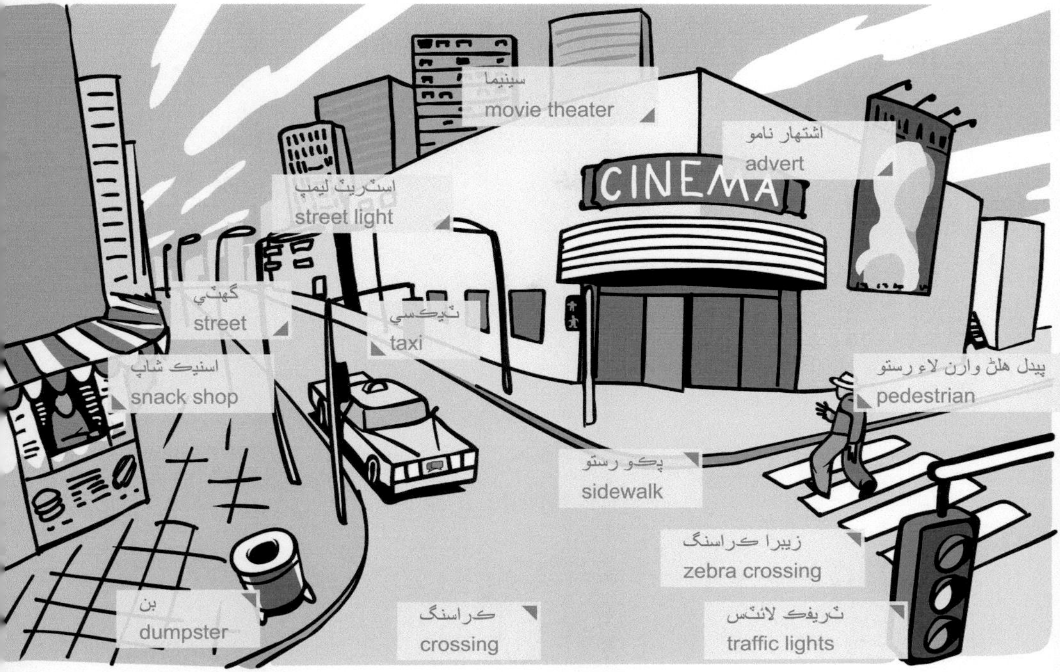

سینیما
movie theater

اشتهار نامو
advert

استریٹ لیمپ
street light

CINEMA

گهټي
street

ٹیکسي
taxi

اسنیک شاپ
snack shop

پیدل هلٹ وازن لاء رستو
pedestrian

پکو رستو
sidewalk

زیبرا کراسنگ
zebra crossing

بن
dumpster

کراسنگ
crossing

ٹریفیک لائٹس
traffic lights

جهوپړي
hut

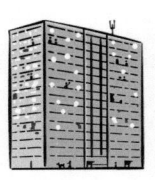

فلیٹ
apartment

ٹرین اسٹیشن
train station

ٹائون هال
city hall

عجائب گهر
museum

اسکول
school

شهر - city

يونيورسٹي

university

بینک

bank

اسپتال

hospital

هوٹل

hotel

فارميسي

pharmacy

آفس

office

كتابن جي كتاب

book shop

دكان

shop

گلن جي دكان

flower shop

سپر ماركيٹ

supermarket

ماركيٹ

market

دپارٹمينٹ اسٹور

department store

مچي جي دكان

fishmonger's shop

شاپنگ سينٹر

mall

بندرگاه

harbor

پارک

park

بینچ

bench

پل

bridge

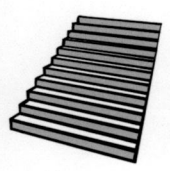

ڈاکٹ

stairs

زیر زمین میٹرو

subway

سرنگ

tunnel

بس اسٹاپ

bus stop

شراب خانو

bar

روسٹورینٹ

restaurant

پوسٹ باکس

postbox

اسٹریٹ سائن

street sign

پارکنگ میٹر

parking meter

چڑیا گھر

zoo

سوئمنگ پول

swimming pool

مسجد

mosque

فارم

farm

آلودگي

pollution

قبرستان

cemetery

چرچ

church

راند جو ميدان

playground

مندر

temple

زميني منظر
landscape

پتو
leaf

سائن بورڊ
signpost

رستو
path

ساوَڪ واري زمين
meadow

پٿّر
stone

وڻ
tree

پيادل هلڻ وارو هائيڪر
hiker

دريا
river

ڇٻر
grass

گل
flower

وادي

valley

جبل

hill

ڍنڊ

lake

ٻيلو

forest

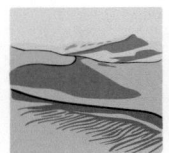

ريگستان

desert

آتش فشان

volcano

قلعو

castle

انڊلٺ

rainbow

کنڀي

mushroom

کهجي جو وڻ

palm tree

مڇر

mosquito

مک

fly

ڪيولي

ant

ماکي جي مک

bee

مکڙي

spider

ٹّنڈٹ
....
beetle

ڈیڈّر
....
frog

نورینڑو
....
squirrel

جاھو
....
hedgehog

خرگوش
....
hare

چڑو
....
owl

پکي
....
bird

بدک
....
swan

سوئر
....
boar

ھرڻ
....
deer

آمريكي ھرڻ جو قسم
....
moose

ڊيم
....
dam

ھوا سان ھلڻ وارو ٽربائين
....
wind turbine

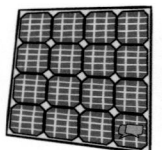

سولر پينل
....
solar panel

آب و ھوا
....
climate

روسٽورينٽ

restaurant

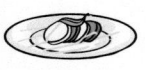

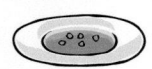

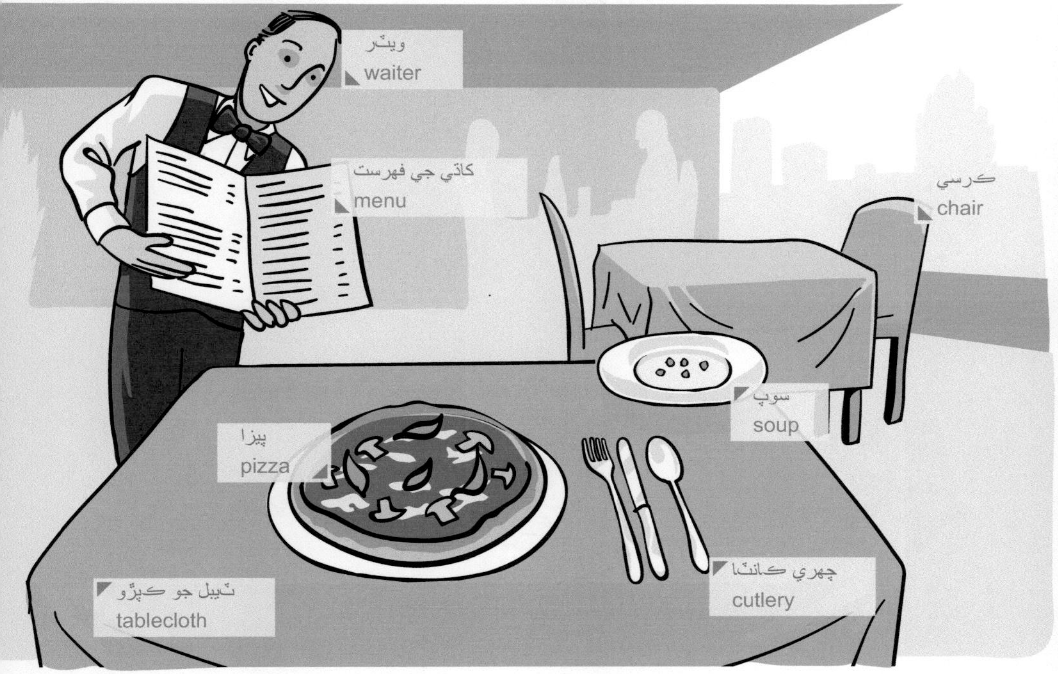
ويٽر
waiter
ڪاڌي جي فهرست
menu
ڪرسي
chair
سوپ
soup
پيزا
pizza
ٽيبل جو ڪپڙو
tablecloth
ڇري ڪانٽا
cutlery

اسٽارٽر

starter

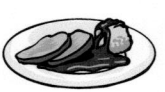

مين ڪورس

main course

ڪاڌي ڪانپوءِ کائڻ وارو مٺو

dessert

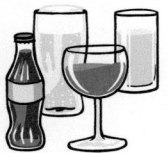

مشروب

drinks

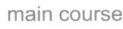

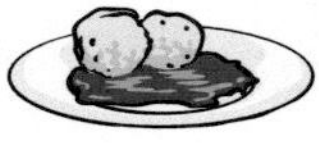

خوراڪ

food

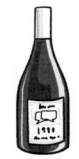

بوتل

bottle

فاسٹ فوڈ

fast food

اسٹریٹ فوڈ

street food

كيٽلي

teapot

شگر باؤل

sugar bowl

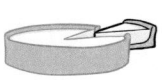

ٽكڑو

portion

ايسپريسو مشين

espresso machine

اونچي كرسي

high chair

بل

bill

ٽري

tray

چهري

knife

كانٽو

fork

چمچ

spoon

چانهن جو چمچو

teaspoon

سروينٽي

serviette

گلاس

glass

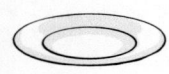

پليٽ
plate

سوپ پليٽ
soup plate

ساسر
saucer

چٽڻي
sauce

لوڻ داني
salt shaker

مرچ پيسڻ وارو
pepper mill

سرڪو
vinegar

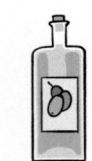

کاڌو پچائڻ وارو تيل
oil

مصالحو
spices

ڪيچ اپ
ketchup

سرنهن
mustard

مايونيز
mayonnaise

سپر مارڪيٽ

supermarket

خصوصي آفر
special offer
FOR
خريدار
customer
بيري
dairy products
فروٽ
fruit
ٽرالي
shopping cart

BUTCHERS

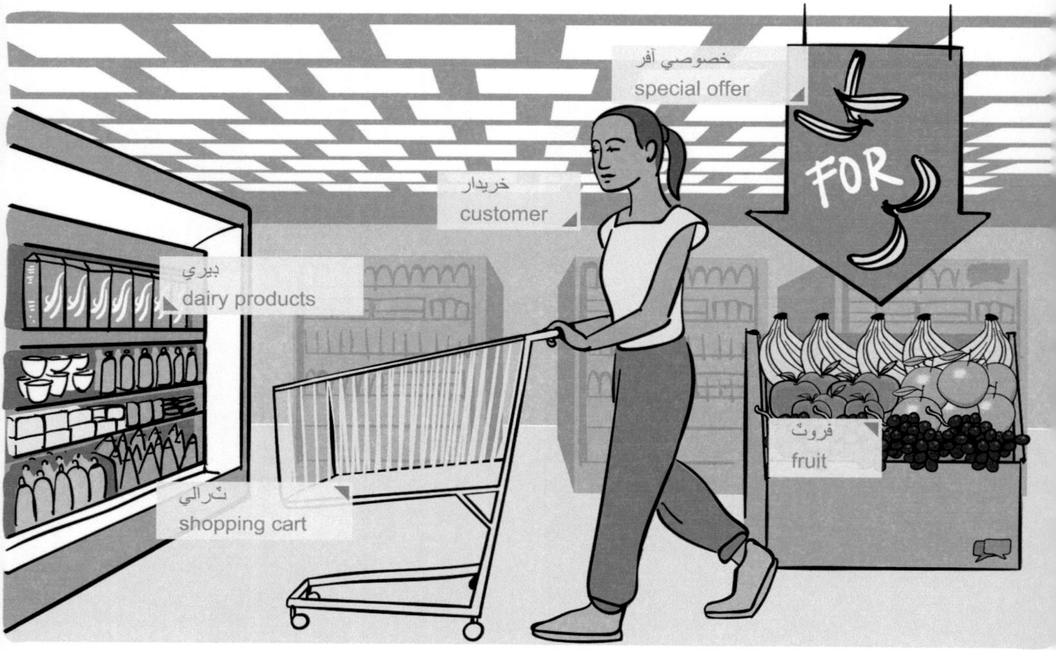

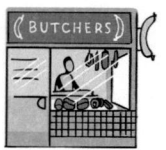

گوشت جي دڪان

butcher's shop

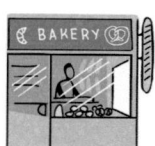

BAKERY

بيڪري

bakery

وزن ڪرڻ

weigh

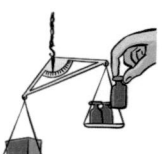

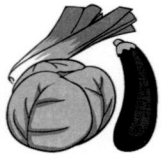

سبزيون

vegetables

گوشت

meat

چميل کاڌو

frozen food

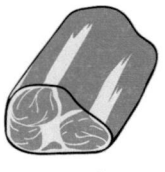

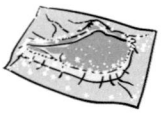

سرد گوشت

cold cuts

ڈبي ۾ بند کاڌو

canned food

واشنگ پاؤڈر

detergent

مٺائي

candy

گھريلو سامان

household products

صفائي کرڻ وارا پرابڪٽس

cleaning products

سيلز پرسن

sales representative

ڪيش رجسٽر

cash register

خزانچي

cashier

خريداري جي فهرست

shopping list

اوقات ڪار

opening hours

پرس

wallet

ڪريڊٽ ڪارڊ

credit card

بيگ

bag

پلاسٽڪ بيگ

plastic bag

پاڼي

water

جوس

juice

کير

milk

کوک

coke

وائن

wine

بيئر

beer

الكوهل

alcohol

کوکو

cocoa

چائي

tea

کافي

coffee

ايسپريسو

espresso

کيپوچينو

cappuccino

كيلو

banana

صوف

apple

مالټو

orange

خربوذو

melon

ليمون

lemon

گجر

carrot

ثّوم

garlic

بانس

bamboo

بصر

onion

کنيي

mushroom

اخروټ، بادام

nuts

نودلز

noodles

اسپيگٽي

spaghetti

چانور

rice

سلاد

salad

چپس

fries

تريل پٽاٽا

fried potatoes

پيزا

pizza

هيم برگر

hamburger

سينڊوچ

sandwich

گوشت جو ٽڪرو

escalope

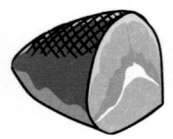

سور جي ران جو گوشت

ham

خشڪ گوشت

salami

ساسيج

sausage

مرغي

chicken

روسٽ

roast

مڇي

fish

جوَ جو دليا

porridge oats

ميوزلي

muesli

كـارن فلـيـكـس

cornflakes

اٹـو

flour

كـروئسنٹ

croissant

بریڈ رول

bread roll

بریڈ

bread

ٹـوسٹ

toast

بسکٹ

cookies

مکٹا

butter

دہی

curd

کیک

cake

انڈا

egg

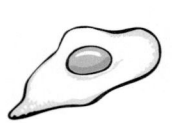

فرائي ٹیل انڈو

fried egg

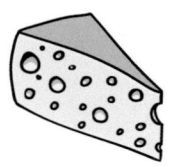

پنیر

cheese

أنس كريم

ice cream

كند

sugar

ماكي

honey

مربو

jelly

چاكلیٹ اسپريد

nougat cream

ﺑﺎﺟﻲ

curry

فارم
farm

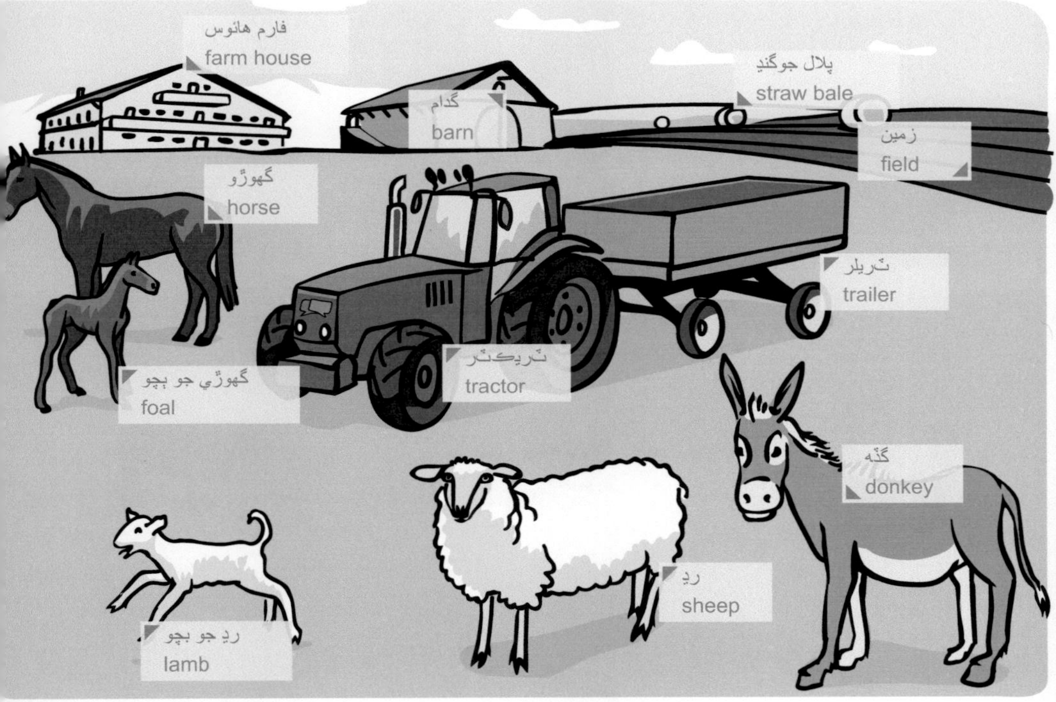
فارم هائوس
farm house
گدام
barn
پلال جوگنڊ
straw bale
زمين
field
گهوڙو
horse
ٽريلر
trailer
ٽريڪٽر
tractor
گهوڙي جو ٻچو
foal
گڏهه
donkey
رڍ
sheep
رڍ جو ٻچو
lamb

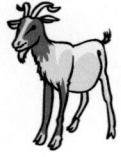

ٻڪري

goat

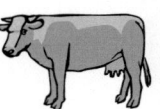

ڳئون

cow

پاڏو

calf

سؤر

pig

سؤر جو ٻچو

piglet

ڍڳو

bull

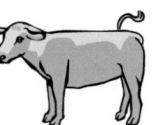

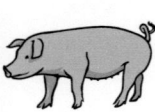

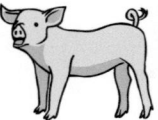

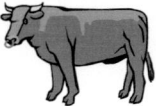

هنس

goose

بدڪ

duck

چوزا

chick

مرغي

hen

مرغو

cockerel

ڪونو

rat

ٻلي

cat

ڪونو

mouse

ڏاند

ox

ڪتو

dog

ڪتي جو گهر

dog house

گاربن هوز

garden hose

پاڻي جو ڪين

watering can

ڏاٽو

scythe

هر

plow

ڏاٽو

sickle

رنبو

hoe

ڏانداري

pitchfork

ڪهاڙو

axe

هٿ سان هلائڻ واري ريڙهي

pushcart

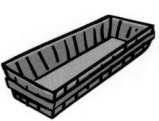

حوض

trough

ڪير جو ڏٻو

milk can

ڇوڻ

sack

لوڙهو

fence

اصطبل

stable

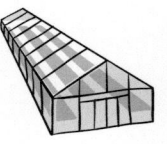

گرين هائوس

greenhouse

مٽي

soil

ٻج

seed

کهاد

fertilizer

ڪمبائنڊ هارويسٽر

combine harvester

فصل کٽڻ

harvest

فصل کٽڻ

harvest

هڪ قسم جي ترڪاري

yams

ڪڻڪ

wheat

سويا

soya

پٽاٽو

potato

مڪائي

corn

توري جو ٻج

rapeseed

ميون جو وڻ

fruit tree

ڪساوا

manioc

اناج

grain

گھر

house

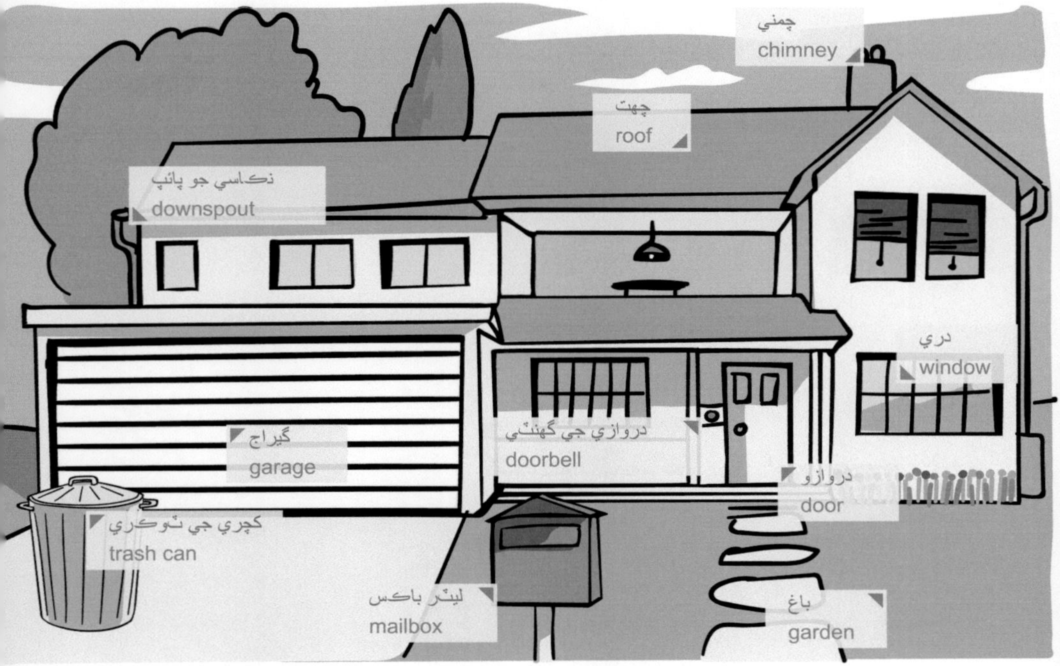

چمني
chimney
ڇت
roof
نڪاسي جو پائپ
downspout
دري
window
گيراج
garage
دروازي جي گھنٽي
doorbell
دروازو
door
ڪچري جي ٽوڪري
trash can
ليٽر باڪس
mailbox
باغ
garden

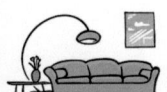

لوونگ روم

living room

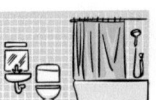

غسل خانو

bathroom

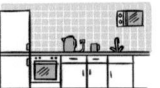

باورچي خانو

kitchen

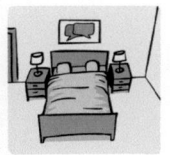

بيڊروم

bedroom

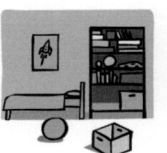

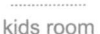

ٻارن جو ڪمرو

kids room

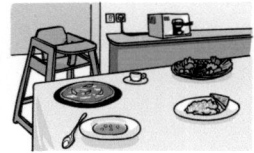

ڊائننگ روم

dining room

فرش

floor

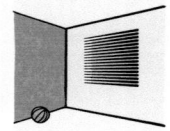

دیوار

wall

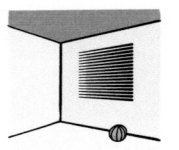

چھت

ceiling

تَھخانو

cellar

ٻاٿ وارو غسل

sauna

بالڪوني

balcony

ٽيرس

terrace

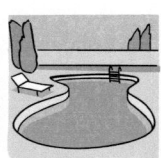

تلاؤ

pool

گاھ ڪَٽڻ واري مشين

lawn mower

چادر

sheet

چادر

bedspread

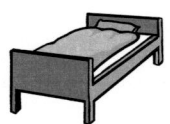

بيڊ

bed

جھاڙو

broom

بالٽي

bucket

سوئچ

switch

لوونگ روم
living room

وال پيپر
wallpaper
تصوير
picture
ليمپ
lamp
شيلف
shelf
الماري
cabinet
ټيليويزن
television
باهوواري چمني
fireplace
گل
flower
کشن
cushion
صوفو
sofa
گلدان
vase
ريموټ کنټرول
remote control

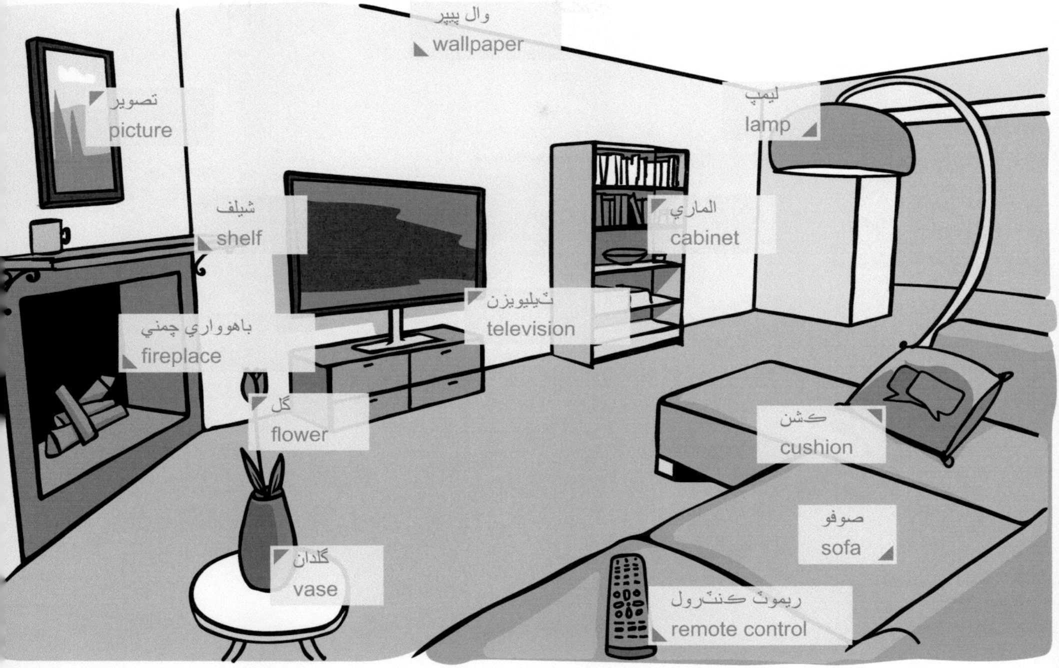

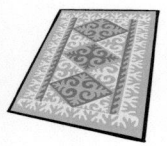

قالين

carpet

پردو

drape

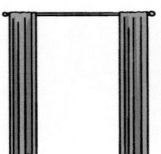

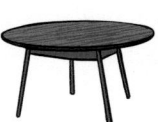

ميز

table

کرسي

chair

لڏڻ واري کرسي

rocking chair

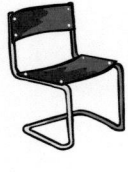

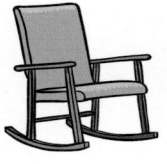

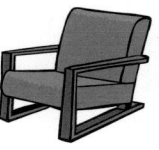

آرام کرسي

armchair

كِتاب

book

كمبل

blanket

آرائش

decoration

ٻارڻ واريون ڪاٺيون

firewood

فلم

film

هاڻي فاڻي

stereo system

چاٻي

key

اخبار

newspaper

پينٽنگ

painting

پوسٽر

poster

ريڊيو

radio

نوٽ بڪ

notebook

ويڪيوم ڪلينر

vacuum cleaner

ٿوهر جو ٻوٽو

cactus

ميڻ بتي

candle

باورچي خانو

kitchen

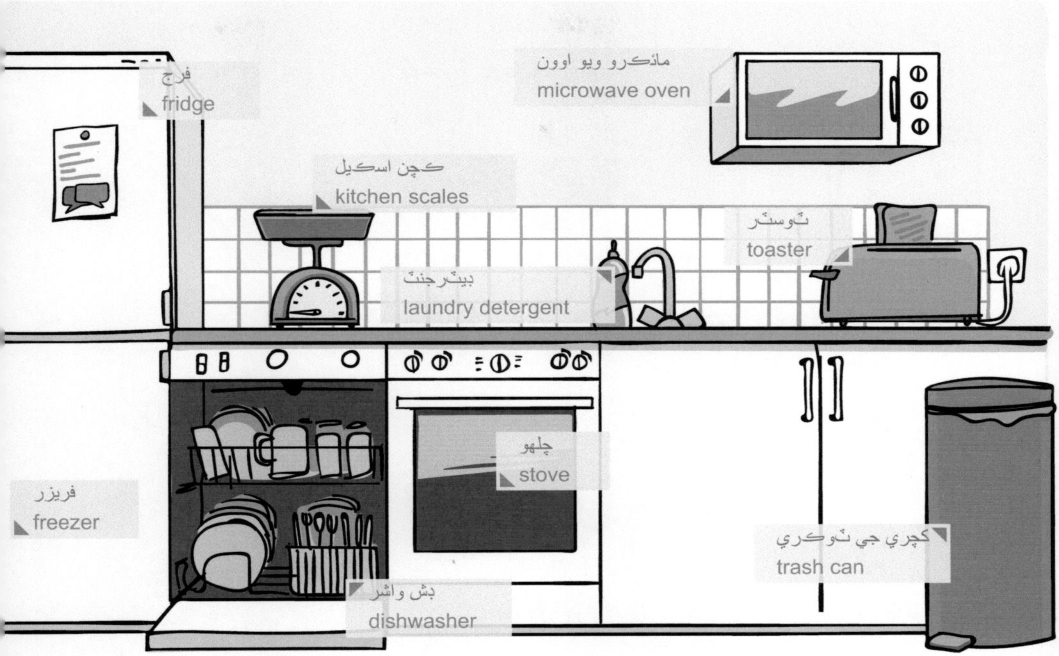
فرج
fridge
مائڪرو ويو اوون
microwave oven
ڪچن اسڪيل
kitchen scales
ٽوسٽر
toaster
ڊيٽرجنٽ
laundry detergent
چلهو
stove
فريزر
freezer
ڪچري جي ٽوڪري
trash can
ڊش واشر
dishwasher

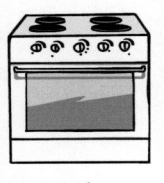

ڪُڪر

cooker

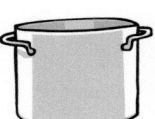

ٿانوَ

pot

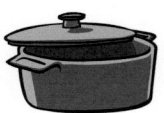

ڪاسٽ آئرن جا ٿانو

cast-iron pot

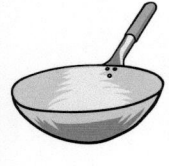

ڪڙهائي

wok / kadai

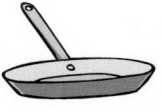

ترڻ وارو ٿانو

pan

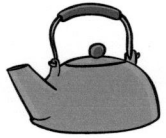

ڪٽلي

kettle

اسټيمر

steamer

بيکنګ ټري

baking tray

کراکري

crockery

مګ

mug

پيالو

bowl

چاپ اسټکس

chopsticks

ډوئي

ladle

ټنظي

spatula

سبزي مکسر

whisk

چهاټي

strainer

چهاټي

sieve

کدو کش وارو اوزار

grater

اکري

mortar

بار بي کيو

barbecue

کليل باه

fireplace

سبزي ڪَٽَڻ وارو بورڊ

chopping board

ويلڻ

rolling pin

ڪارڪ اسڪريو

corkscrew

ڪين

can

ڪين اوپنر

can opener

ٿانوَ پڪڙڻ وارو ڪپڙو

oven cloth

سنڪ

sink

برش

brush

اسفنج

sponge

بليندر

blender

ڊيپ فريزر

deep freezer

بار جي بوتل

baby bottle

نل

tap

غسل خانو

bathroom

هیټنګ
heating
ټوال
towel
شاور
shower
شاور کرټین
shower curtain
ببل باټ
bubble bath
باټ ټب
bathtub
ګلاس
glass
واشنګ مشین
washing machine
ټائلز
tiles
نل
tap
پاټي
potty
سنک
sink

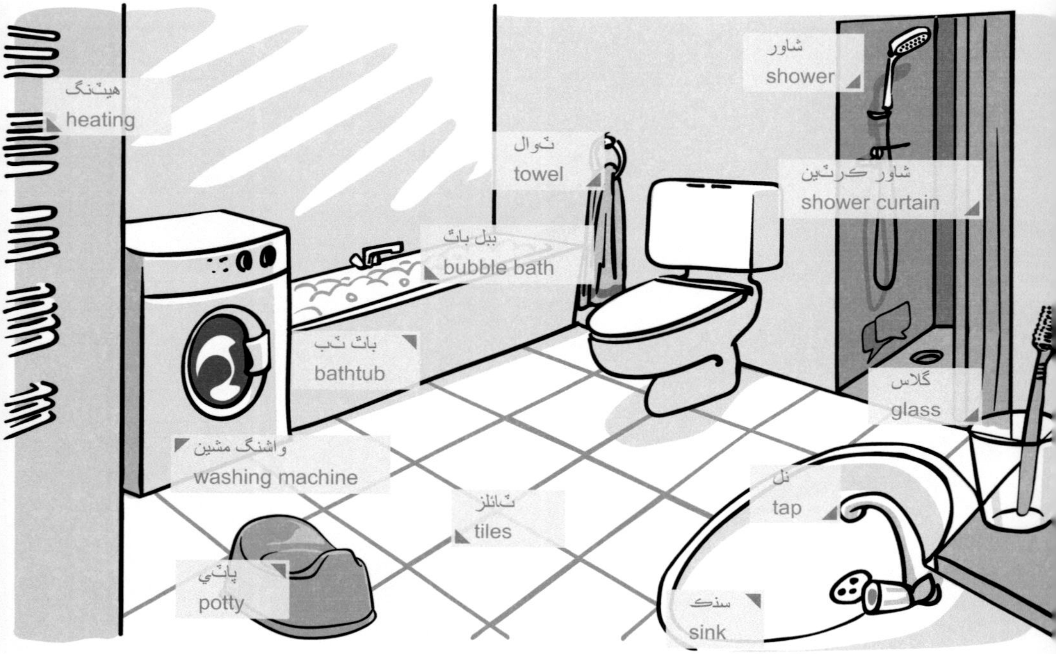

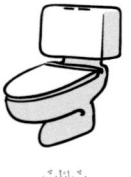

ټائلټ

toilet

اوکړو ویهڻ وارو ټوائلټ

squat toilet

شرم ګاه ډونڻ وارو ټب

bidet

پیشاب ګاه

urinal

ټائلټ پیپر

toilet paper

ټائلټ برش

toilet brush

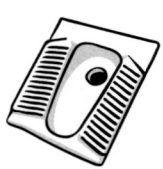

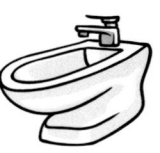

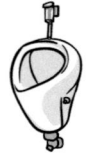

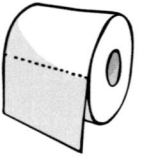

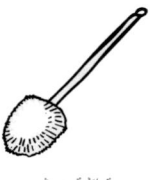

تۆۆثه برش

toothbrush

تۆۆثه پیستَ

toothpaste

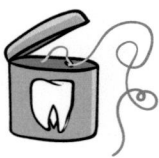

دێنتَل فلاس

dental floss

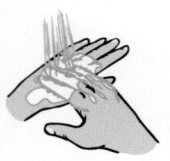

ۆۆنَ

wash

هیندِ شاوِر

hand shower

شاوِر

douche

بیک برش

basin

بیک برش

back brush

صابن

soap

شاوِر جیل

shower gel

شیمپو

shampoo

فلالین

flannel

درین

drain

کریم

creme

دیودورنتَ

deodorant

آئينو

mirror

هَٹ مِ پکڑڻ وارو آئينو

hand mirror

ريزر

razor

شيونگ فوم

shaving foam

آفٽر شيو

aftershave

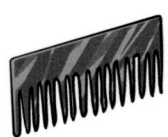

ڪَنگي

comb

برش

brush

هيئر درائير

hair-dryer

هينر اسپري

hairspray

ميڪ اپ

makeup

سرخي

lipstick

نيل وارنش

nail varnish

ڪپھ

cotton wool

نيل سيزر

nail scissors

پرفيوم

perfume

واش بيگ

washbag

اسٹّول

stool

وزن کرڻ واري مشين

weighing scales

باٿ روب

bathrobe

ربڑ جا دستانا

rubber gloves

ٽيمپون

tampon

صفائي وارو ٽاول

sanitary towel

کيميائي ٽوائلٽ

chemical toilet

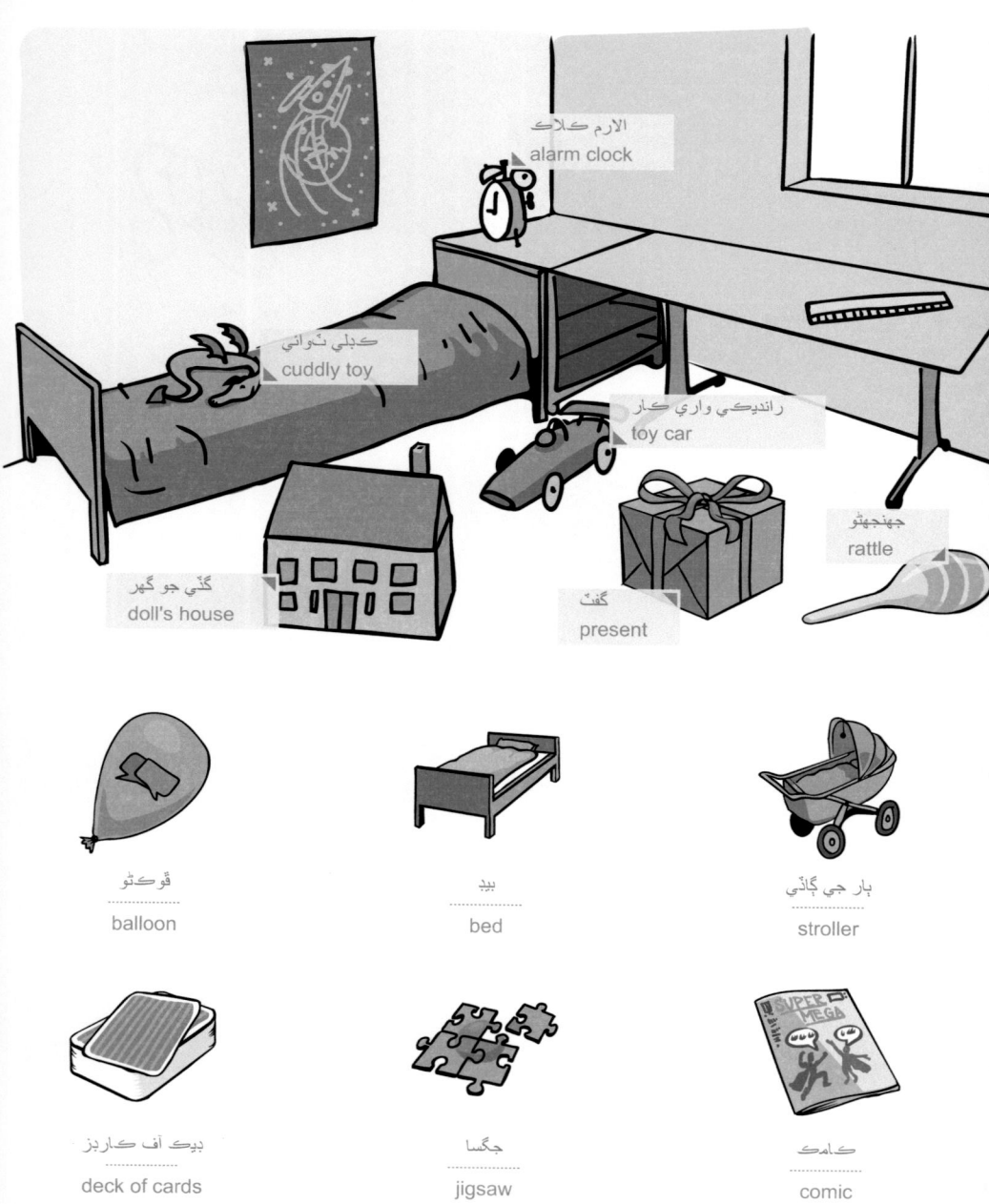

الارم ڪلاڪ
alarm clock

ڪبلي ٽوائي
cuddly toy

رانديڪي واري ڪار
toy car

جهنجهٽو
rattle

گنّي جو گهر
doll's house

گفٽ
present

قُوڪٽو
balloon

بيڊ
bed

ٻار جي ڇانڊي
stroller

ڊيڪ آف ڪاردز
deck of cards

جگسا
jigsaw

ڪامڪ
comic

لیگوبرِگس

lego bricks

رانديكن وارا بلاكس

toy blocks

ايكشن فگر

action figure

بيبي گرو

romper suit

فرسبي

frisbee

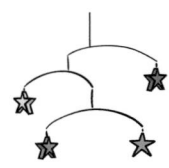

رانديكي واري موبائل

mobile

بورڊ گيم

board game

ڇهكو

dice

ماڊل ٽرين سيٽ

model train set

بارن جي چوسڻ واري نپل

pacifier

پارٽي

party

تصوير واري كتاب

picture book

بال

ball

گڏي

doll

كيڏڻ

play

سيندِ پِٽ

sandpit

جھولا

swing

رانديڪا

toys

وڊيو گيم ڪنسول

video game console

ٽِن ڦيٿِن واري سائيڪل

tricycle

ٽيڊي بيئر

teddy bear

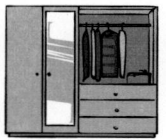

ڪپڙن جي الماري

wardrobe

لباس

clothing

جرابا

socks

اسٽاڪنگز

stockings

ٽائيٽس

tights

اسكارف
scarf

چتّي
umbrella

نئي شرت
t-shirt

بيلٹ
belt

بوٹ
boots

چپل
slippers

جاگر شوز
sneakers

سينډل
sandals

جوتا
shoes

ربړ جا بوٹ
rubber boots

اندرپينٽس
underwear

بريزر
bra

واسكٹ
undershirt

جسم

body

پتلون

pants

جینز پینٹ

jeans

اسکرٹ

skirt

چولو

blouse

قمیض

shirt

جرسی

pullover

ہوڈی

sweater

بلیزر

blazer

جیکٹ

jacket

کوٹ

coat

بارش ﻣ پانٹ وارو کوٹ

raincoat

پوشاک

costume

لباس

dress

شادي جولباس

wedding dress

لباس - clothing

سوٽ

suit

نائٽ گائون

nightgown

پاجامو

pajamas

ساڙي

sari

مٿي تي ٻڌڻ وارو اسڪارف

headscarf

پڳڙي

turban

برقعو

burka

ڪفتان

kaftan

عبايو

abaya

تيراڪي جو لباس

swimsuit

چڏي

trunks

نيڪر

shorts

ٽريڪ سوٽ

tracksuit

اپرن

apron

دستانا

gloves

بٹن

button

چشمو

glasses

بریسلیٹ

bracelet

هار

necklace

منڈي

ring

والیون

earring

ٹوپي

cap

کوٹ هینگر

coat hanger

ٹوپي

hat

ٹائي

tie

زِپ

zip

هیلمٹ

helmet

بریسز

braces

اسکول یونیفارم

school uniform

وردي

uniform

بارن لاءِ گلي ۾ بڌڻ وارو کپڙو
....
bib

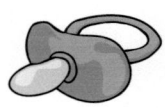

بارن جي چوسڻ واري نپل
....
pacifier

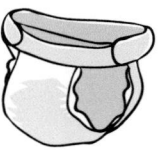

ڪجو
....
diaper

آفس

office

سرور
server

فائلن جي الماري
filing cabinet

پرنٽر
printer

مانيٽر
monitor

ڪاغذ
paper

ميز
desk

ماؤس
mouse

فولڊر
folder

ڪي بورڊ
keyboard

ردي جي ٽوڪري
waste-paper basket

ڪمپيوٽر
computer

ڪافي مگ
chair

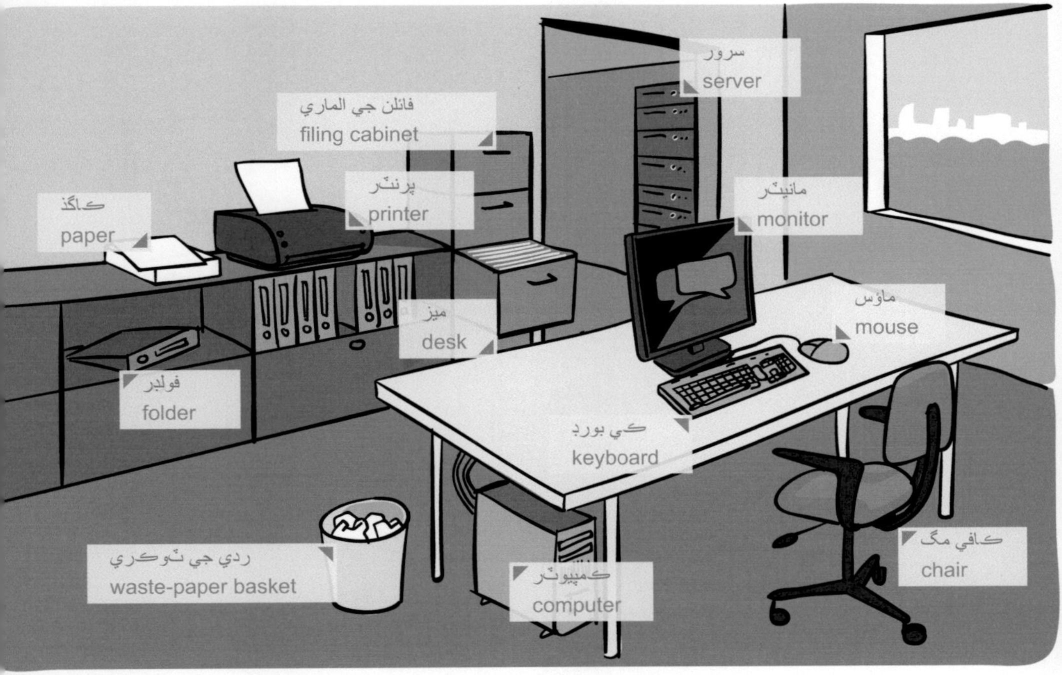

ڪافي مگ
....
coffee mug

ڪيلڪيوليٽر
....
calculator

انٽرنيٽ
....
internet

آفس - office 49

لیپ ٹاپ

laptop

خط

letter

پیغام

message

موبائل

cell phone

نیٹ ورک

network

فوٹو کاپی کرٹ واری مشین

photocopier

سافٹ ویئر

software

ٹیلی فون

telephone

پلگ ساکٹ

plug socket

فیکس مشین

fax machine

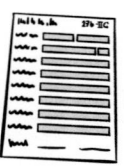

فارم

form

دستاویز

document

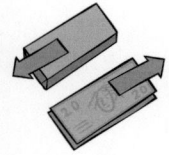

خرید کرنا

buy

ادا کرنا

pay

صاف کرنا

trade

پیسا

money

ڈالر

dollar

یورو

euro

یین

yen

روبل

rouble

سوئس فرانک

Swiss franc

رینمنیبی یوآن

renminbi yuan

روپیو

rupee

کیش پوائنٹ

cash point

رقم تبدیل کرائٹ جی آفیس

currency exchange office

سون

gold

چاندي

silver

خام تیل

oil

تواناني

energy

قیمت

price

معاہدو

contract

ٹیکس

tax

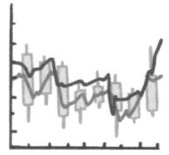

ذخیرو

stock

کم کرڻ

work

ملازم

employee

آجر

employer

فیڪٹري

factory

دڪان

shop

پولیس آفیسر
police officer

فائر مین
fireman

باورچي
cook

پائلٹ
pilot

ڈاکٹر
doctor

مالي
gardener

وائو
carpenter

درزن
seamstress

جج
judge

کیمیسٹ
chemist

اداکار
actor

بس ڊرائيور

bus driver

ٽيڪسي ڊرائيور

taxi driver

مڇي مارڻ وارو

fisherman

صفائي ڪرڻ واري ماڻي

cleaning lady

ڇت ٺاهڻ وارو

roofer

ويٽر

waiter

شڪاري

hunter

رنگ ساز

painter

نانوائي

baker

اليڪٽريشن

electrician

بلڊر

builder

انجنيئر

engineer

ڪاساني

butcher

پلمبر

plumber

پوسٽ مين

postman

سپاهي

soldier

آرکيټيکټ

architect

خزانچي

cashier

گل کپاڼ وارو

florist

نائي

hairdresser

کنډيکټر

conductor

مکينک

mechanic

کپتان

captain

ډينټسټ

dentist

سائنسدان

scientist

يهودي عالم

rabbi

امام

imam

راهب

monk

پادري

pastor

اوزار

tools

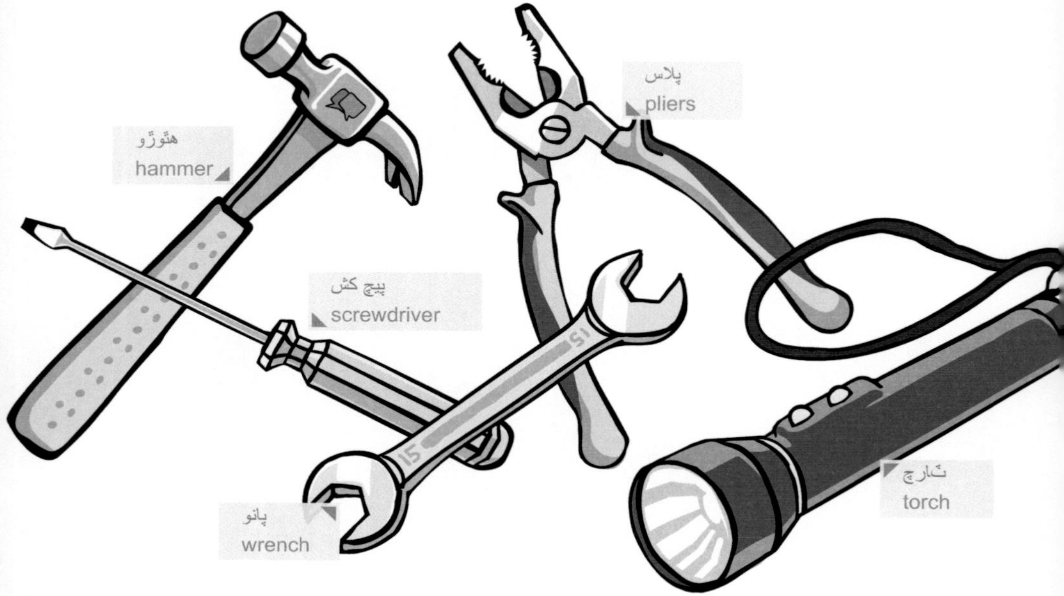

هٿوڙو
hammer
پلاس
pliers
پيچ ڪش
screwdriver
پانو
wrench
ٽارچ
torch

ايڪسڪويٽر

excavator

ٽول باڪس

toolbox

ڏاڪڻ

ladder

آري

saw

ڪوڪو

nails

ڊرل

drill

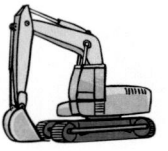

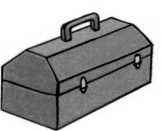

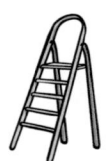

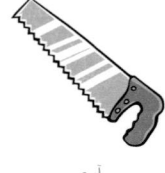

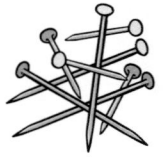

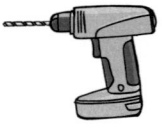

مرمت كرڻ

repair

بيلچو

shovel

لعنت هجي!

Damn!

كچري دان

dustpan

پينٽ وارو دٻو

paint can

پيچ

screws

موسيقي جا اوزار

musical instruments

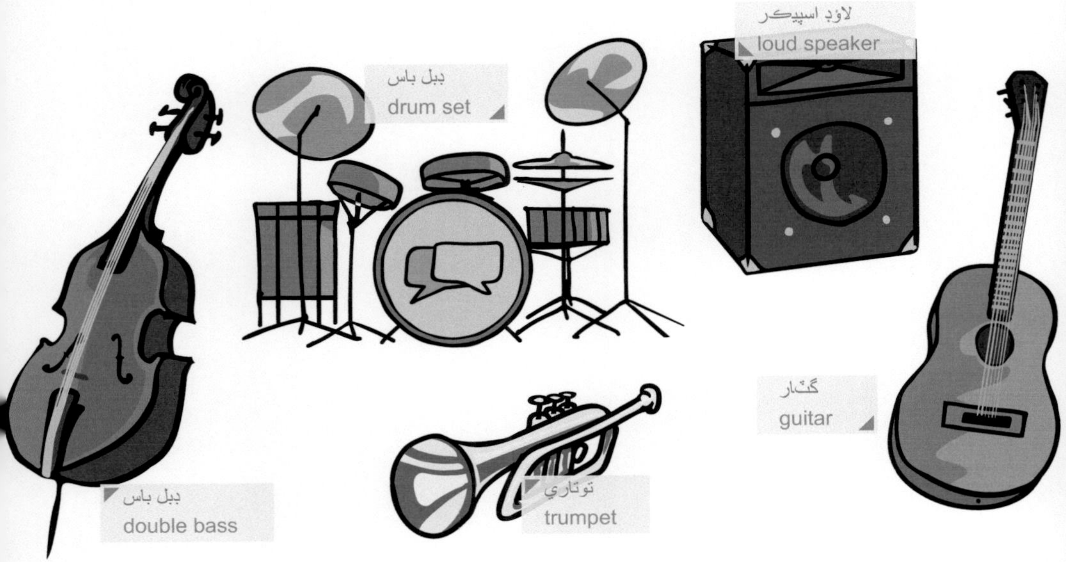

ڊبل باس
drum set

لائوڊ اسپيڪر
loud speaker

گٽار
guitar

ڊبل باس
double bass

توتاري
trumpet

پيانو

piano

وائلن

violin

گٽار

bass

ٽمپاني

timpani

ڊرم

drums

ڪي بورڊ

keyboard

سيڪوفون

saxophone

بانسري

flute

مائيڪروفون

microphone

موسيقي جا اوزار - musical instruments

چڙيا گھر

ZOO

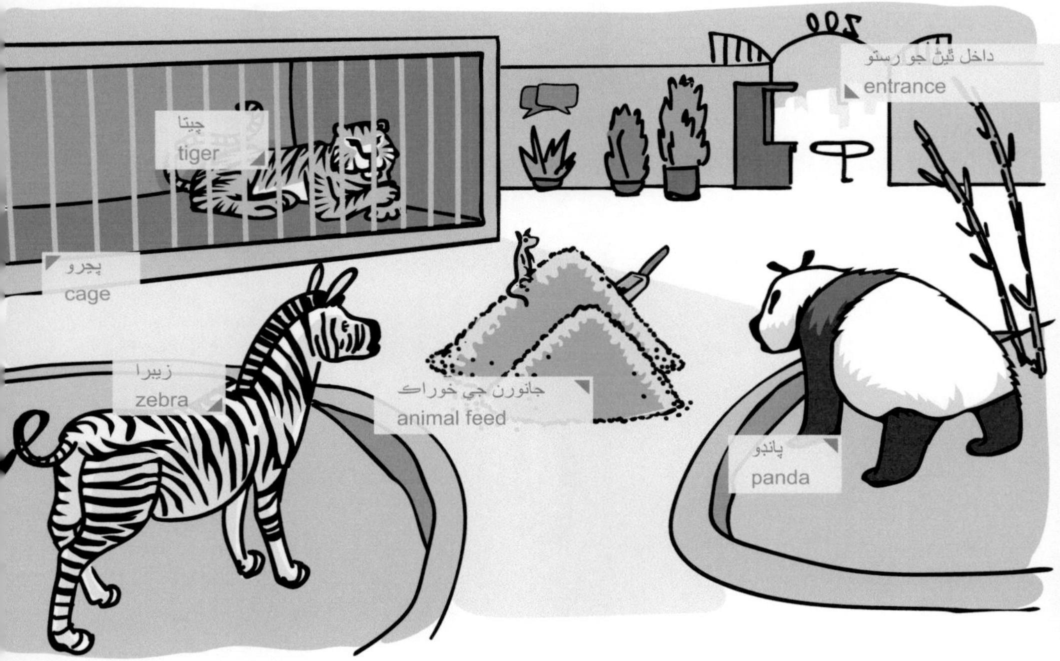
داخل ٿيڻ جو رستو
entrance
چيتا
tiger
پڃرو
cage
زيبرا
zebra
جانورن جي خوراڪ
animal feed
پانڊو
panda

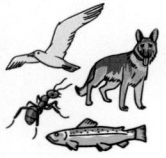

جانور

animals

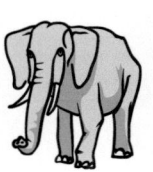

هاٿي

elephant

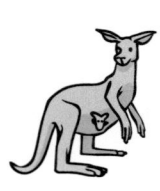

ڪينگرو

kangaroo

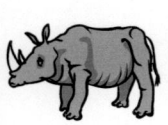

گينڊو

rhino

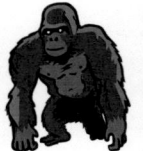

گوريلو

gorilla

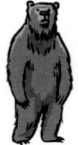

رڇ

bear

اٺ

camel

شتر مرغ

ostrich

شينهن

lion

پولڙو

monkey

فليمنگو

flamingo

طوطو

parrot

برفاني رچ

polar bear

ڪبوتر

penguin

شارڪ

shark

مور

peacock

نانگ

snake

واڳون

crocodile

چڙيا گهر جو محافظ

zookeeper

گوج مڇي

seal

چيتو

jaguar

تـٹـّـون

pony

چيتو

leopard

درياني گهوړو

hippo

ځرزاف

giraffe

باز

eagle

سونړ

boar

مڇي

fish

کمي

turtle

ساموندي گهوړو

walrus

لومړۍ

fox

هرڼ

gazelle

آمریکن فوتبال
American football

سائیکلنگ
cycling

ٹینس
tennis

باسکٹ بال
basketball

تیراکی
swimming

باکسنگ
boxing

آئس ہاکی
ice hockey

فوٹبال
....
soccer

بینڈمنٹن
....
badminton

ایتھلیٹکس
....
athletics

ہینڈ بال
....
handball

اسکیئنگ
....
skiing

پولو
....
polo

سرگرميون

activities

کلڻ
laugh
ٽپو ڏيڻ
jump
پاڪر پائڻ
hug
هلڻ
walk
گانو ڳائڻ
sing
خواب ڏسڻ
dream
دعا ڪرڻ
pray
چمي ڏيڻ
kiss

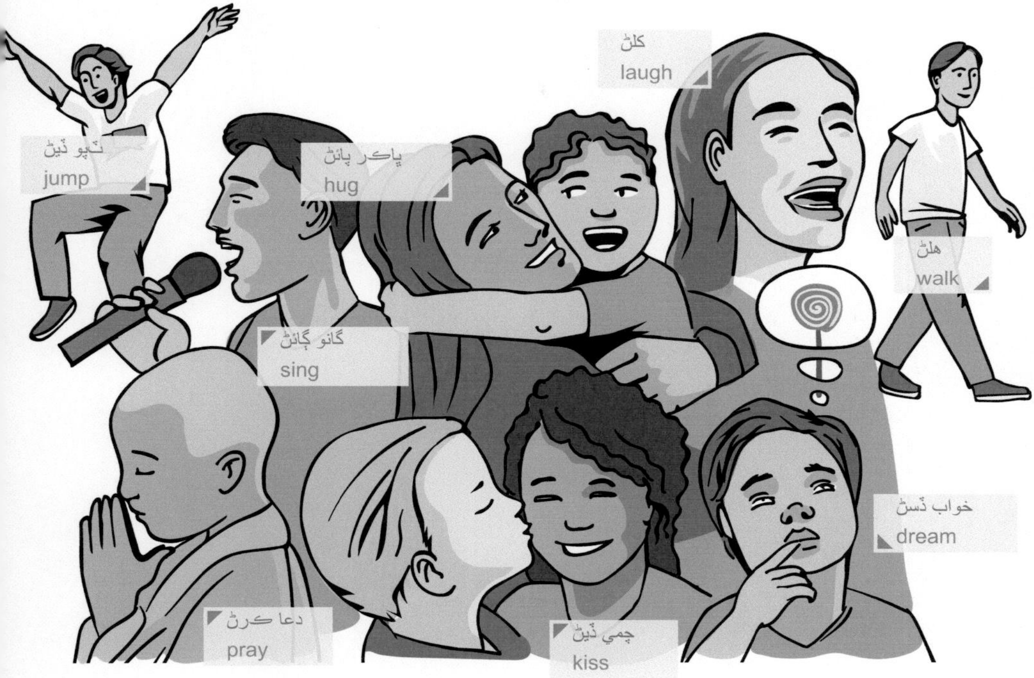

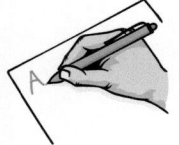

لکڻ

write

تصوير ڪشي ڪرڻ

draw

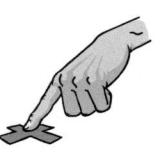

ڏيکارڻ

show

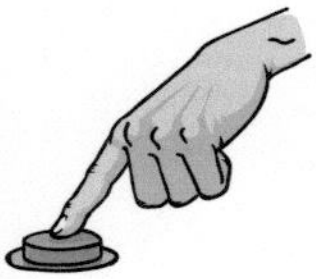

ڌڪو ڏيڻ

push

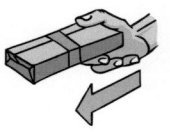

ڏيڻ

give

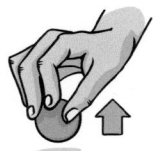

وٺڻ

take

رکڻ

have

کرڻ

do

ٿيڻ

be

بيهڻ

stand

ڊجڻ

run

ڇڪڻ

pull

اڇلائڻ

throw

ڪرڻ

fall

ڪوڙ ڳالهائڻ

lie

انتظار ڪرڻ

wait

کڻي وجن

carry

ويهڻ

sit

تيار ٿيڻ

get dressed

سمهڻ

sleep

جاڳڻ

wake up

64   سرگرميون - activities

نِسٹ

look at

رونڻ

cry

ڈَک ھَٹ

stroke

کنگي کرڻ

comb

ڳالھائڻ

talk

سمجھڻ

understand

پُڇڻ

ask

ٻڌڻ

listen

پيئڻ

drink

کائڻ

eat

صاف کرڻ

tidy up

پيار کرڻ

love

پچائڻ

cook

گاڏي ھلائڻ

drive

اڏرڻ

fly

بحري سفر كرڻ

sail

حساب كرڻ

calculate

پڙهڻ

read

سکڻ

learn

كم كرڻ

work

شادي كرڻ

marry

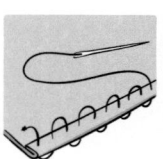

سيئڻ

sew

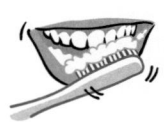

ڏندن كي برش كرڻ

brush teeth

قتل كرڻ

kill

سگريٽ پيئڻ

smoke

موكلڻ

send

ڈاڈّي يا ناني
grandmother

ڈاڈو يا نانو
grandfather

پُي
father

ماءُ
mother

بار
baby

ڌي
daughter

پُٽ
son

مهمان
guest

چاچي
aunt

چاچو
uncle

ڀاءُ
brother

ڀيڻ
sister

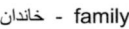

جسم

body

پيشاني
forehead
اک
eye
ڪلهو
shoulder
آڱر
finger
منهن
face
ڪاڏي
chin
هٿ
hand
ڇاتي
breast
ٽنگ
leg
ٻانهن
arm

ٻار

baby

ماڻهون

man

عورت

woman

ڇوڪري

girl

ڇوڪرو

boy

مٿو

head

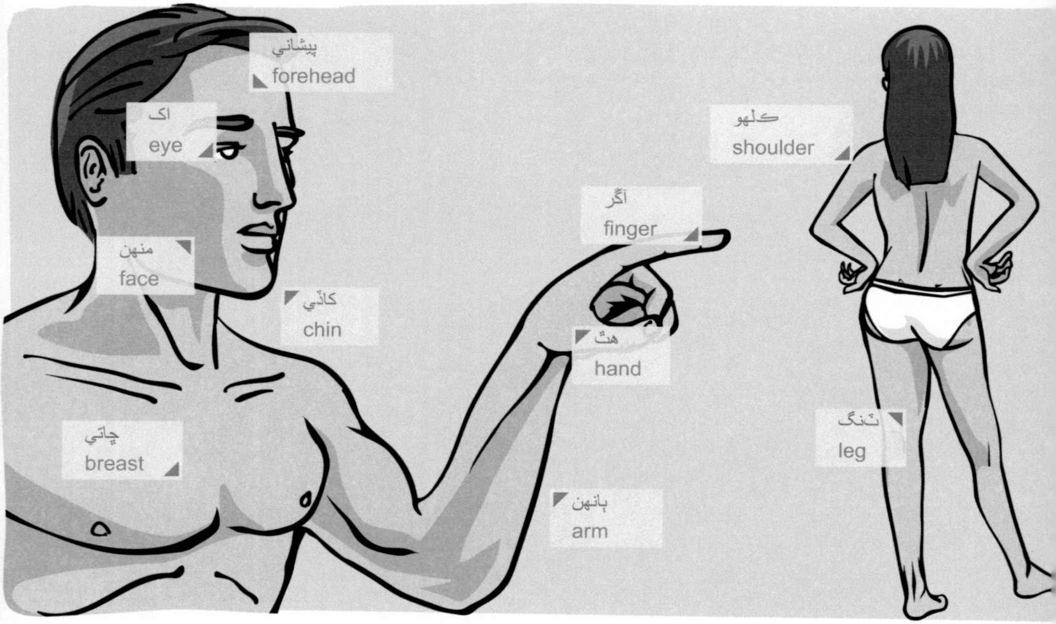

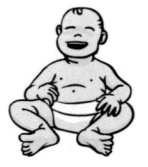

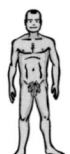

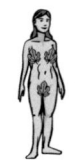

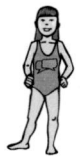

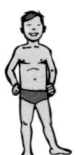

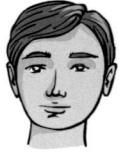

پٺي

back

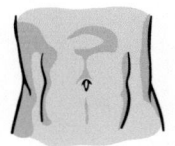

پيٽ

belly

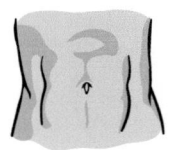

ڏن

navel

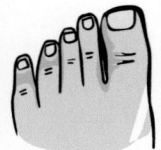

پير جو آڱوٺو

toe

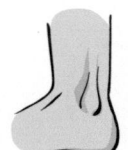

کڙي

heel

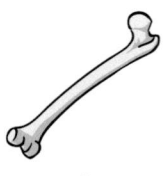

هڏي

bone

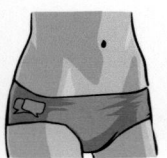

بنڊ

hip

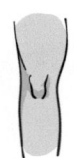

گوڏو

knee

ٺونٺ

elbow

ڄڀ

nose

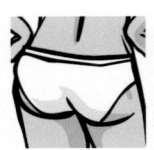

هيٺيون حصو

buttocks

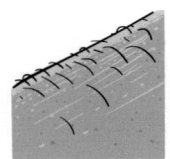

کل

skin

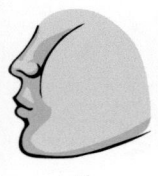

ڳل

cheek

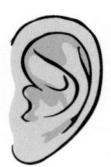

ڪن

ear

چپ

lip

جسم - body

وات
....
mouth

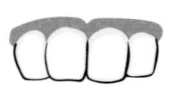

ڈنت
....
tooth

زبان
....
tongue

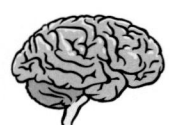

دماغ
....
brain

دل
....
heart

ڈورو
....
muscle

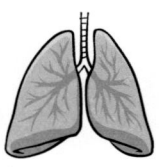

قفر
....
lung

جگر
....
liver

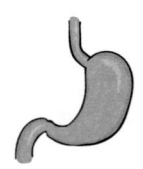

معدو
....
stomach

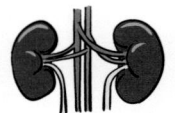

گردا
....
kidneys

جماع کرڻ
....
sex

کنڈوم
....
condom

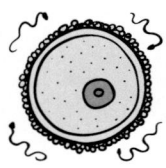

بيضہ
....
ovum

مني
....
semen

حمل
....
pregnancy

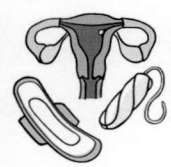

حيض

menstruation

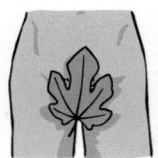

ٻچيداني جي نالي

vagina

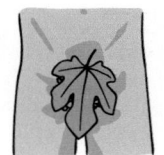

مردانو مخصوص عضوو

penis

پرون

eyebrow

وار

hair

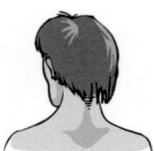

ڳچي

neck

اسپتال
hospital

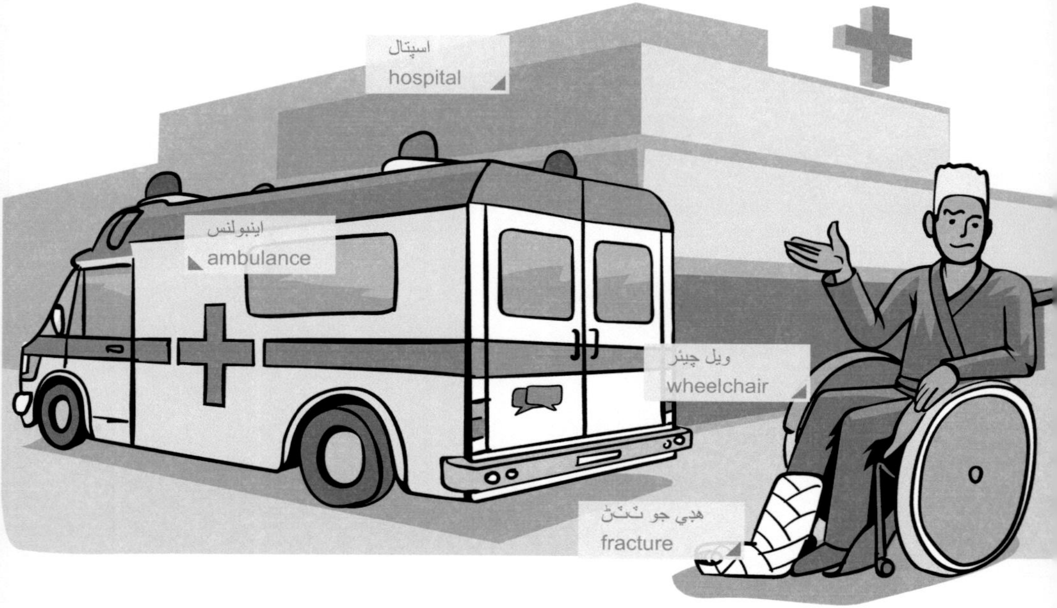

اسپتال
hospital
اينبولنس
ambulance
ويل چيئر
wheelchair
هڏي جو ٽٽڻ
fracture

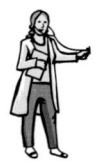

ڊاڪٽر

doctor

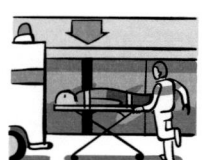

هنگامي ڪمرو

emergency room

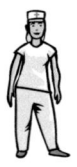

نرس

nurse

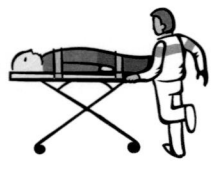

ايڪسري

emergency

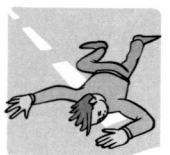

بيهوش

unconscious

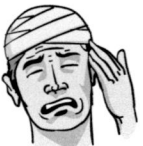

سور

pain

زخم

injury

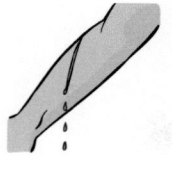

رت وهڻ

bleeding

دل جو دورو

heart attack

فالج

stroke

الرجي

allergy

کنگهه

cough

بخار

fever

زڪام

flu

دست

diarrhea

مَنِّي جو سور

headache

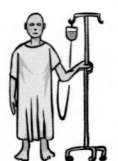

ڪينسر

cancer

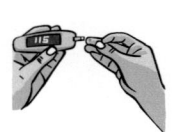

ذيابيطس

diabetes

سرجن

surgeon

جراحي بليڊ

scalpel

آپريشن

operation

سي ٽي

CT

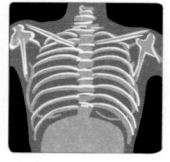

ايڪسري

x-ray

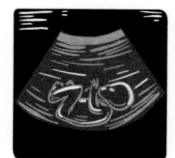

الٽراساؤنڊ

ultrasound

منهن جي ماسڪ

face mask

بيماري

disease

انتظار ڪرڻ جو ڪمرو

waiting room

بيساکهي

crutch

پالاسٽر

plaster

پٽي

bandage

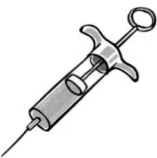

انجيڪشن

injection

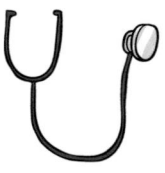

اسٽيٿهوسڪوپ

stethoscope

اسٽريچر

stretcher

ٿرماميٽر

clinical thermometer

پيدائش

birth

موٽاپو

overweight

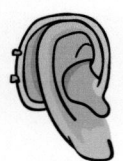

هِئرِنگ واري ډيوائس

hearing aid

جراثيم کش

disinfectant

انفيکشن

infection

وائرس

virus

ايچ أئ وي / ايډز

HIV / AIDS

دوا

medicine

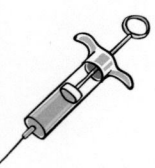

ويکسينيشن

vaccination

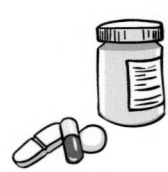

ټکي

tablets

گوري

pill

هنگامي کال

emergency call

بلډ پريشر مانيټر

blood pressure monitor

بيمار / صحت

ill / healthy

مدد

Help!

الارم

alarm

جسماني حملو كرڻ

assault

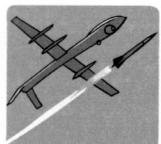

حملو كرڻ

attack

خطره

danger

هنگامي حالت ۾ نكرن جو رستو

emergency exit

باه وسائڻ جو اوزار

fire extinguisher

باھ

Fire!

حادثو

accident

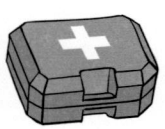

ابتدائي طبي امداد

first-aid kit

ايس او ايس

SOS

پوليس

police

یورپ

Europe

اتر آمریکا

North America

ڈکڻ آمریکا

South America

آفریقا

Africa

ایشیا

Asia

آسٹریلیا

Australia

اٹلانٹک

Atlantic

پیسفک

Pacific

بحر هند

Indian Ocean

انٹارکٹک سمنڈ

Antarctic Ocean

آرکٹک سمنڈ

Arctic Ocean

اتر قطب

North pole

ڈکٹ قطب

South pole

انٹارکٹِیکا

Antarctica

زمین

earth

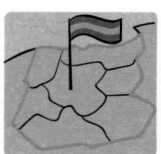

زمین

land

سمندر

sea

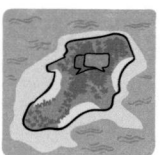

جزیرو

island

قوم

nation

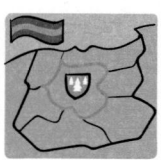

ریاست

state

گھڙّي جو سامھون حصو

clock face

کلاک واري سوئي

hour hand

منٽ واري سوئي

minute hand

سيڪنڊن واري سوئي

second hand

ٽائم گهٽو ٿيو آهي؟

What time is it?

ڏينهن

day

وقت

time

هاڻي

now

ڊجيٽل گھڙّي

digital watch

منٽ

minute

کلاک

hour

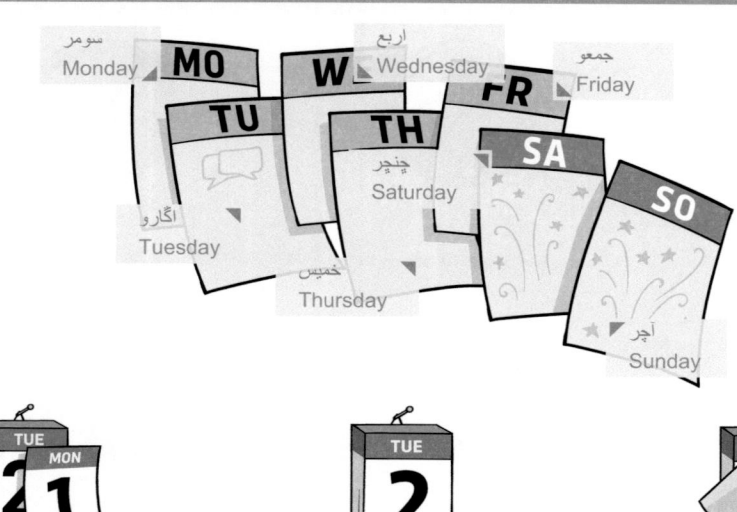

Monday — سومر
Tuesday — اگارو
Wednesday — اربع
Thursday — خميس
Friday — جمعو
Saturday — چنڇر
Sunday — آچر

كله

yesterday

اڄ

today

سباڻي

tomorrow

صبح

morning

منجهند

noon

شام

evening

MO	TU	WE	TH	FR	SA	SU
1	2	3	4	5	6	7
8	9	10	11	12	13	14
15	16	17	18	19	20	21
22	23	24	25	26	27	28
29	30	31	1	2	3	4

كاروباري ڏينهن

workdays

MO	TU	WE	TH	FR	SA	SU
1	2	3	4	5	6	7
8	9	10	11	12	13	14
15	16	17	18	19	20	21
22	23	24	25	26	27	28
29	30	31	1	2	3	4

هفتي جو آخر

weekend

برسات
rain

اندلٺ
rainbow

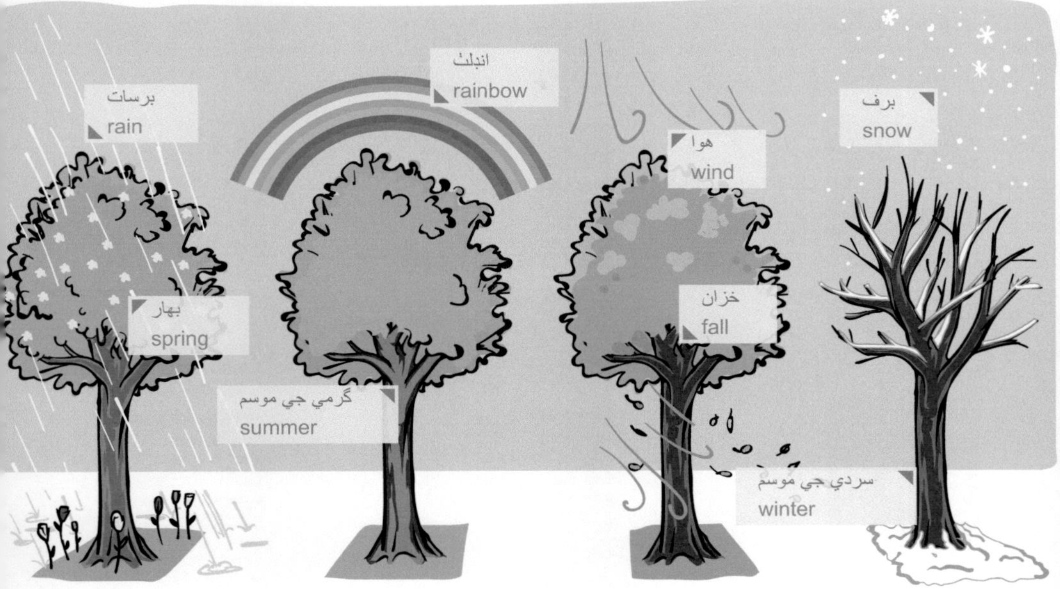

هوا
wind

برف
snow

بهار
spring

خزان
fall

ڱرمي جي موسم
summer

سردي جي موسم
winter

4.APRIL	11°	☀
5.APRIL	4°	🌧
6.APRIL	13°	⛅
7.APRIL	8°	❄
8.APRIL	10°	☀

موسم جي پيشنگوٿهي

weather forecast

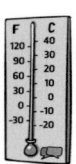

ٿرمامينٽر

thermometer

اس

sunshine

بادل

cloud

ٿنڌ

fog

نمي

humidity

آسماني بجلي

lightning

ٽَرماميٽر

thunder

طوفان

storm

ڳڙو جو مينهن

hail

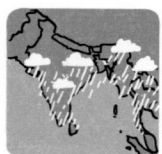

مون سون

monsoon

ٻوڏ

flood

برف

ice

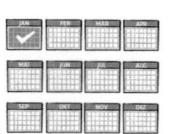

جنوري

January

فيبروري

February

مارچ

March

اپريل

April

مَئي

May

جون

June

جولاني

July

آگسٽ

August

82

سال - year

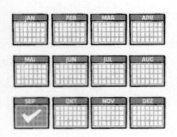

سېپتەمبىر
....
September

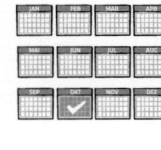

ئاكتۇبر
....
October

نوەمبىر
....
November

دېسمبىر
....
December

شـكـلون

shapes

دائىرو
....
circle

چـكور
....
square

مستطيل
....
rectangle

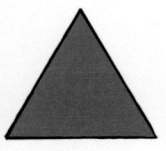

ٹكنڈي
....
triangle

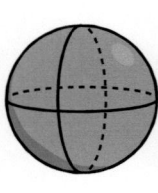

كره
....
sphere

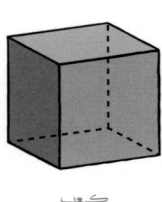

كـعب
....
cube

اڇو

white

پيلو

yellow

نارنجي

orange

گلابي

pink

ڳاڙهو

red

جامني

purple

نيرو

blue

سائو

green

ناسي

brown

پورو

gray

ڪارو

black

گهڻو / ٿورو
....
a lot / a little

ناراض / پر سڪون
....
angry / calm

خوبصورت / بدصورت
....
beautiful / ugly

شروعات / ختم
....
beginning / end

وڏو / ننڍو
....
big / small

روشني / اونداهه
....
bright / dark

ڀيڻ / ڀاءُ
....
brother / sister

صاف / خراب
....
clean / dirty

مڪمل / نا مڪمل
....
complete / incomplete

ڏينهن / رات
....
day / night

مرده / زنده
....
dead / alive

ڪشادو / تنگ
....
wide / narrow

كائٽ قابل نه هجٿ / كائٽ جي قابل هجن

edible / inedible

برو / سٺو

evil / kind

پرجوش / بوريت جوشڪار

excited / bored

موٽو / پتلو

fat / thin

پهريون / آخري

first / last

دوست / دشمن

friend / enemy

پريل / خالي

full / empty

سخت / نرم

hard / soft

ڳرو / هلڪو

heavy / light

بک / اڃ

hunger / thirst

بيمار / صحت

ill / healthy

غيرقانون / قانوني

illegal / legal

عقلمند / بيوقوف

intelligent / stupid

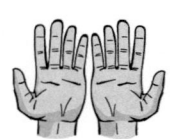

سڊو / ابتو

left / right

ويجهي / پري

near / far

86   مخالف - opposites

نئون / استعمال ٹيل

new / used

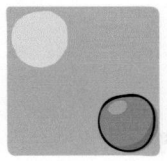

کجہ بہ نہ / کجہ

nothing / something

پوڙهو / نوجوان

old / young

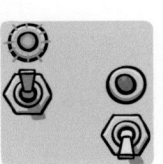

آن / آف

on / off

کليل / بند

open / closed

خاموش / بلند آواز سان

quiet / loud

امير / غريب

rich / poor

صحيح / غلط

right / wrong

کهورو / لسو

rough / smooth

غمگين / خوش

sad / happy

مختصر / ڊگهو

short / long

آهسته / تيز

slow / fast

آلو / سڪل

wet / dry

گرم / ٿڌو

warm / cool

جنگ / امن

war / peace

0

زيرو

zero

1

هـک

one

2

په

two

3

ثـي

three

4

چار

four

5

پنج

five

6

چه

six

7

ست

seven

8

اٹ

eight

9

نوَ

nine

10

ڈه

ten

11

يارهن

eleven

12

بارھن
twelve

13

تیرھن
thirteen

14

چوڈھن
fourteen

15

پندرھن
fifteen

16

سورھن
sixteen

17

سترھن
seventeen

18

ارڑھن
eighteen

19

اوٹھیہ
nineteen

20

ویہ
twenty

100

سو
hundred

1.000

ہزار
thousand

1.000.000

ڈھ لک
million

انگريزي

English

أمريكي انگريزي

American English

چيني ميندارن

Chinese Mandarin

هندي

Hindi

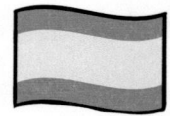

اندلسي بولي

Spanish

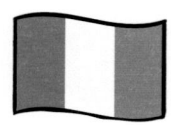

فرانسيسي

French

عربي

Arabic

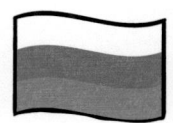

روسي

Russian

پرتگالي

Portuguese

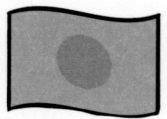

بنگالي

Bengali

جرمن

German

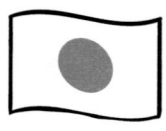

جاپاني

Japanese

مان

I

تون

you

هي چوكري/ هي چوكرو / هو

he / she / it

اسان

we

تون

you

هو

they

كير؟

who?

چا؟

what?

كينن

how?

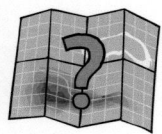

كٿي؟

where?

كڏنهن؟

when?

نالو

name

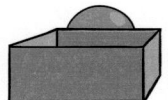

پويان

behind

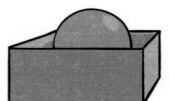

in

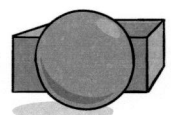

جي سامهون

in front of

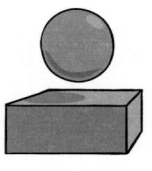

مٿّي

over

تي

on

هيٺ

under

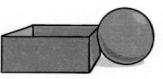

گڏ

beside

وچ م

between

جڳهه

place